KB206573

세상에서 가장 쉬운 철학책

세상에서 가장 쉬운
철학책

우에무라 미츠오 지음/ 고선윤 옮김

비룡소

미루에게

차례

| 추천사 |

간결하면서도 알기 쉽게 쓴 철학책을 추천합니다.

사람들은 흔히 철학은 쉬운 이야기를 어려운 말로 표현하는 학문이라고, 철학책은 읽어도 무슨 소리인지 잘 모르겠다고 생각하지요. 하지만 이 책은 약 2400년 역사의 서양철학을 대변한다고 해도 좋을 만큼 위대한 철학자들인 플라톤, 데카르트, 칸트, 마르크스, 사르트르의 철학을 아주 쉬운 말로 썼어요. 한 권의 책에 찬란한 서양철학사의 아주 큰 굴곡이 잘 소개됐어요. 저자의 시도는 기발하고, 재미있고, 핵심적이며 대체로 잘되었지요. 난삽한 서양 철학사를 초등학생도 반 시간 정도만 읽으면 알 수 있도록 아주 간결하면서도 알기 쉽게 썼으니까요. 현대 우리나라의 대표 시인들인 김소월, 윤동주, 박목월, 박성용, 천상병의 주옥같은 시를 읽을 때 경험했던 것과 같은 아름다움과 재미도 느낄 수 있어요. 더불어 만화 같은 그림이 덧붙여져서 철학이 더 쉽고 재미있게 머리에 들어오네요. 철학을 공부한 지 반세기가 지난 지금에야 이 책을 읽고 철학이 이렇게도 쉽고, 재미있는 걸 알게 됐어요.

플라톤은 모든 것이 변하고, 현실에서 서로 다른 존재의 근거는 이데아라고 했어요. 현실은 이데아라는 변하지 않는 실재를 흉내 낸 것이라는 플라톤의 이론이 얼마나 기발하고 재미있고 그럴듯한지를 우리도 생각해 봐야겠어요. 주장이 옳은지 아닌지도 따져보고, 플라톤이 어째서 그런 이론을 세웠을까 추측도 해봐야지요. 아무리 위대한 사람의 말이라도, 아무리 많은 이들이 옳다고 믿는다 해도 그것이 자동적으로 옳은 것은 아니니까요. 독자 여러분은 어떻게 생각하나요. 플라톤의 이데아는 말이 되는 이론일까요?

철학에 대해서 조금이라도 들어 봤다면 데카르트라는 철학자의 이름과 '나는 생각한다. 고로 나는 존재한다.'라는 말이 생각날 거예요. 17세기, 데카르트는 이 말을 함으로써 플라톤 이후 약 2000년간 이어 온 고전 철학에 종지부를 찍고 현대 철학의 새로운 장을 열었어요. 데카르트는 모든 믿음의 불확실성에 의문을 던지고 앎의 절대적 명증성을 찾아 철학이 명백한 증거가 되는 사유와 확실한 신념을 추구하는 학문임을 밝혔어요. 데카르트는 사람이 몸과 생각이라는 전혀 다른 두 존재로 이루어졌다고 생각했어요. 나아가 '나는 생각한다. 고로 나는 존재한다.'라는 말을 통해서 사유가 몸보다 논리적으로 앞서며, 더 확실한 존재라는 이원론적 형이상학을 정립했지요. 여러분도 데카르트의 결론이 맞는지 꼼꼼히 물어 따져봐요. 철학은 대답이기 전에 물음이에요.

다음은 18세기 독일의 철학자 칸트를 볼까요. 칸트는 인간의 자유를 증명했을 뿐더러 인식론에서 코페르니쿠스가 이룬 혁명과 같은 변화를 일으켰지요. 16세기 폴란드의 천문학자 코페르니쿠스는 당시까지 아무도 의심하지 않았던 천동설을 뒤집고 지동설을 주장해 세상을 확 바꾸어 놓았지요. 코페르니쿠스가 천문학의 혁명가라면 칸트는 인식론의 혁명가예요. 칸트는 우리가 보고 경험하는 세계는 우리와 따로 떨어진 객관적 실재가 아니라 우리가 인식하기에 따라 짜여져 인간에게 속한 것에 지나지 않는다는 주장을 폈지요. 칸트는 평생 장가 한 번 가지 않고 총각으로 살았고, 태어난 도시인 쾨니히스베르그 밖으로는 단 한 번도 나가지 않았어요. 참 재미없이 살았던, 재미없는 사람이었던 것 같아요. 칸트처럼 살고 싶은 이는 많지 않을 거예요. 그러나 칸트는 세상에서 첫째가 아니라 둘째나 셋째 가는 철학자라 하면 서운할 만큼 아주 위대한 철학자였어요. 나도 아주 좋아하고 존경하는 철학자입니다. 여러분은 칸트처럼 따분하게 살지 말고 재미있게 살아야 하겠지만 칸트와 같은 위대한 철학자가 되어보겠다는 야심을 갖고 살면 어떨까요?

이제 마르크스를 말할 차례가 왔네요. 언제나 성난 듯한 털보 아저씨 말이에요. 마르크스가 나타난 이후로 100년 넘게 세계는 떠들썩했고, 아직도 정치적, 이념적, 사회적으로 마르크스의 영향은 계속되고 있어요. 마르크스는 소크라테스나 플라톤, 데카르트, 칸트와 같은 철학자라기보다 예수나 부처, 공자나 노자와 같은 도덕적 및 사회적 개혁가에 더 가까운 정치적 및 이념적 쌈꾼이었어요. 노동자, 공산주의, 사회 복지의 도덕적 가치 문제를 마르크스라는 이름과 떼어 놓고 생각해서는 별로 의미를 갖지 못할 만큼 마르크스의 영향력은 막강하지요. 마르크스가 서울의 촛불 시위에 나온다면 사람들은 어떻게 생각할까요. 생전의 마르크스는 지금까지의 철학이 발로 걷지 못하고 물구나무를 서고 있다며 규탄했어요. 그를 위대한 철학자의 대열에 끼

워줄 수 있을까요. 나는 그렇다고 생각하는데 여러분의 의견은 어떤가요?

마지막은 사르트르입니다. 1943년 사르트르의 책 『존재와 무』가 출판되면서 실존주의라는 새로운 철학이 나타났어요. 사르트르는 철학적, 문학적 및 시사적 글쓰기를 통해서 반세기 동안 철학계만 아니라 사상계, 문화계 전반에 걸쳐 전 세계에 큰 영향을 미친 프랑스의 철학자이자 작가였어요. 나도 학창 시절에는 사르트르의 사상을 따르는 열렬한 추종자였지요. 지금은 그 마음이 좀 식었지만 아직도 사르트르가 위대한 사상가라고 확신하고 있어요. 나는 '실존이 본질에 앞선다.'라는 이상한 주장에 공감하고, 사르트르가 지적으로나 정서적으로 신이 나게 살았다고 생각해요. 사르트르의 글은 재미있고 감칠맛 나고 열정적이고 언제나 철학적이에요. 여러분도 사르트르처럼 생각하고 글도 쓰면서 열심히, 실존하는 삶을 살아보면 어떨까요.

도대체 철학이란 무엇일까요? 이 책을 여러 번 읽고 그 뜻을 새겨보면 철학이 무엇인지 좀 알게 될 거예요. 이 책에 나온 다섯 철학자들처럼, 아니 다른 많은 철학자들처럼 생각하며 살아봐요. 재미도 나고 정신적으로 풍성함을 경험할 수 있을 거예요.

연세대학교 특별초빙 철학 교수

박이문

플라톤 할아버지의

이데아

플라톤 할아버지는

지금으로부터 약 2400년 전에 살았던

고대 그리스의 철학자입니다.

진정한 존재는

이 세상 너머에 있다는

이데아라는 개념을 만들었습니다.

이데아는 서양철학에서

생각의 기본이 되었습니다.

어험, 안녕한가.

내가 플라톤이라네.

이데아를 설명하기 위해서

이제부터

여기에 도형을 몇 개

그려볼 테니

잠시만 기다려 주게.

……

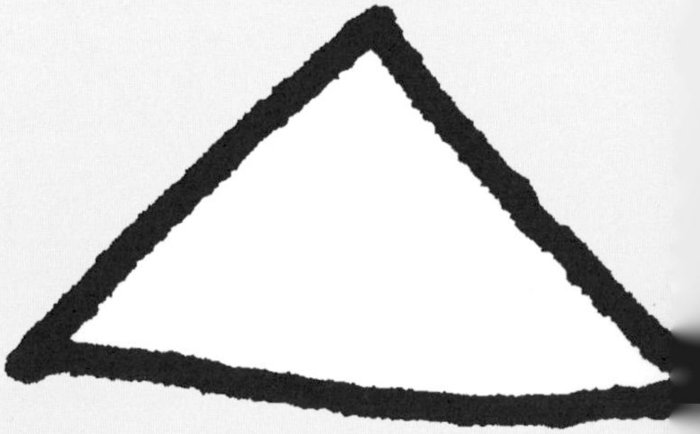

자, 어느 것이 삼각형인가?

물론 금방 알 수 있을 것이네.

그렇지만 사실 이것은 삼각형이 아니라네.

삼각형은 내각의 합이 180도여야 하거든.

그런데 이것은 그렇지 않지.

살짝 일그러져 있으니까 말이네.

그래도 우리는

삼각형을 원이나 사각형과 구별할 수 있다네.

전부 지워버렸네.

좀 전까지 있었던 삼각형, 원, 사각형은

인간의 역사에서

아니,

우주의 역사에서 사라졌다네.

두 번 다시 똑같은 것은

그릴 수 없지.

다시 한번 삼각형을 그리겠네.

아까의 삼각형과는 상당히 다르지.

게다가 이것도 정확히는 삼각형이 아니라네.

그래도 역시

이것은 원이 아니라 삼각형이라고

판단할 수 있을 것이네.

그 이유는 무엇일까?

우리가 왜

아까 전의 그림도 이 그림도

삼각형이라고 판단할 수 있는지 알겠나?

그 이유는
우리가 삼각형이란 무엇인지, 원이란 무엇인지
알고 있기 때문이네.

우리가 알고 있는 진정한 삼각형의 모습,
그것이 **이데아**라네.

아까 그렸던 삼각형이나 원이 이제는 어디에도 없듯이
현실에 존재하는 것은 언젠가는 없어진다네.
그래도 **이데아**는 없어지지 않지.

그래서 **이데아**야말로
진실로 존재하는 것이라네.

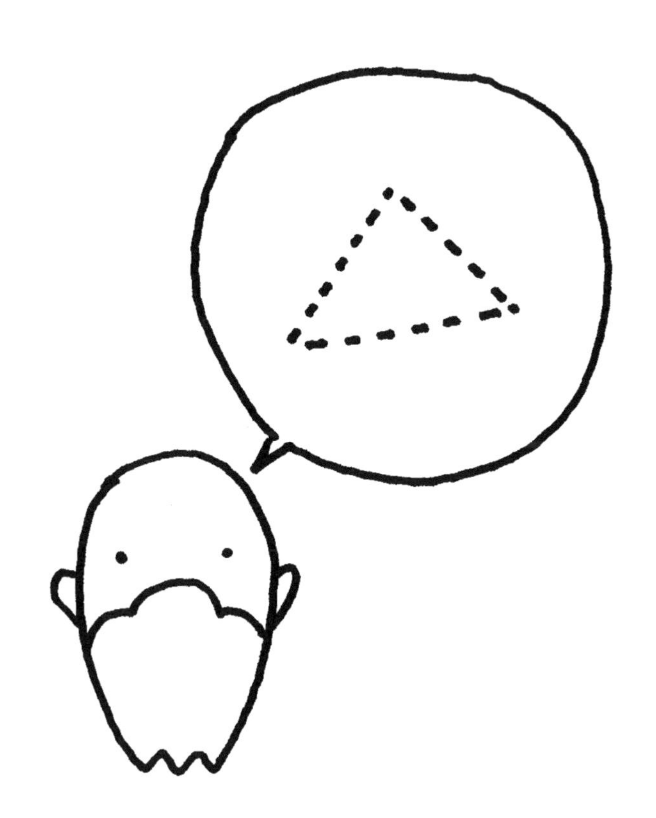

데카르트 아저씨의

나는 생각한다. 고로 나는 존재한다

데카르트 아저씨는
16세기 말에서 17세기 초까지 살던
프랑스의 철학자입니다.

무엇이든 신을 중심으로 생각하던
중세의 스콜라 철학을 벗어나
새로운 철학의 출발점인
나는 생각한다. 고로 나는 존재한다라는
유명한 원리를 찾았습니다.

안녕!

침대에서 인사해서 미안.

나는 데카르트란다.

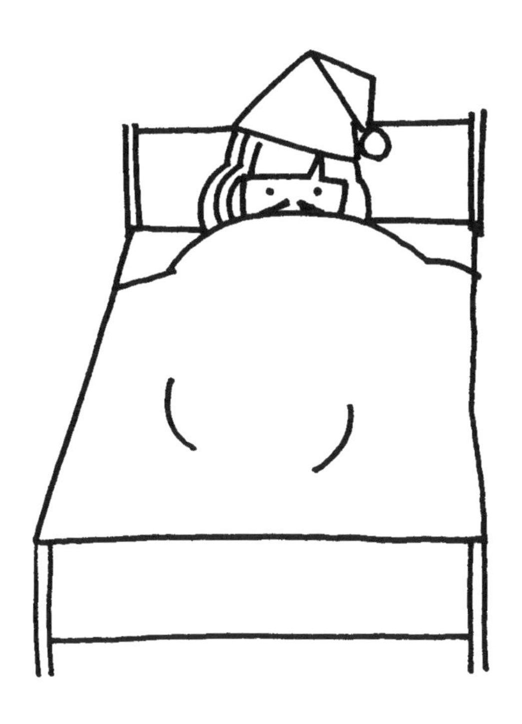

잠꾸러기로 보일지도 모르겠군.

하지만

나는 지금

생각하고 있어.

절대적으로 확실한 것은 무엇일까?

…….

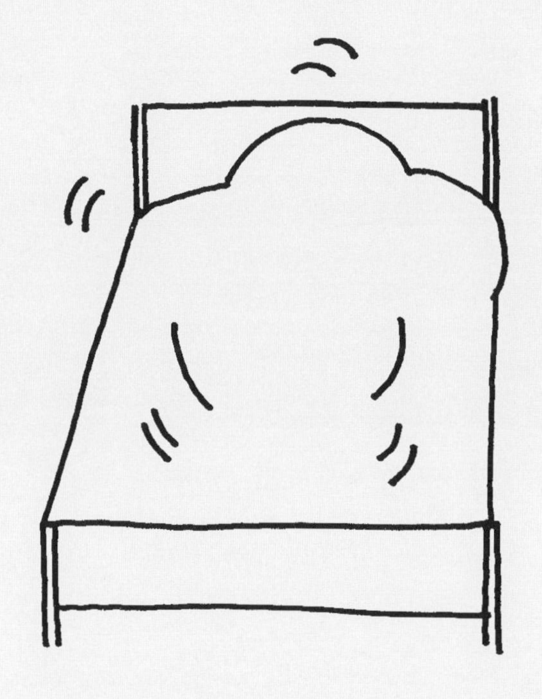

그래!

의심하는 것에서부터

시작하면 되겠다.

조금이라도 이상하면 의심하고,

의심스러운 것들을 자꾸자꾸 없애나가면 돼.

그럼 의심스럽지 않은 것,

확실한 것만 남을 테니까.

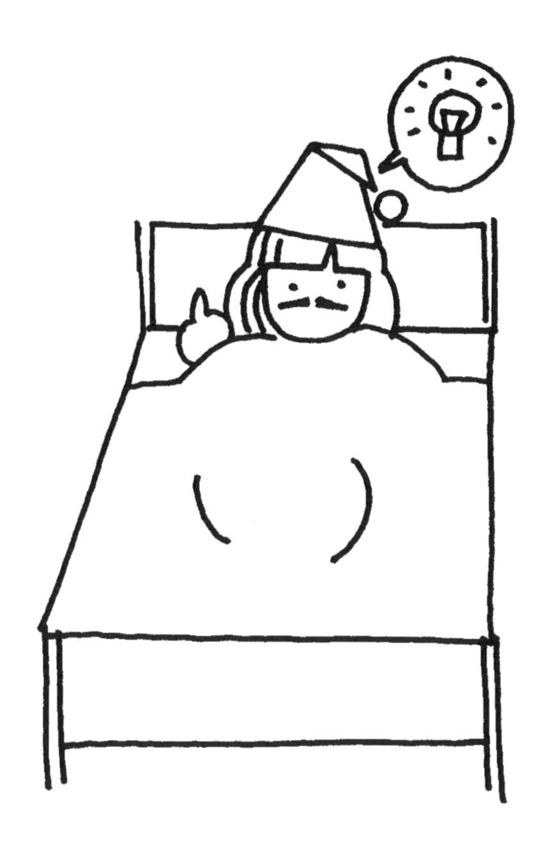

먼저

인간의 감각을 생각해 보자.

우리는 오해나 착각을 잘하지.

물이 든 컵에 넣은 빨대는 꺾어져 보이지만

사실은 꺾어진 것이 아니야.

먼 곳에 있는 것은 작게 보이지만

실제로는 작지 않아.

인간의 감각이란 참으로 신기하네!

우리 주변의 세상은 어떨까?

이 세상이 만약 꿈이라고 한다면
역시 신기하지.

왜냐하면 꿈이란 것은
깨어난 다음에야 비로소
꿈이었다는 사실을 알 수 있으니까.
나는 지금
침대에서 이것저것 헤아리고 있다고 생각하지만,
실제로는 전쟁터에서 잠을 자고 있는지도 몰라.

그럼 수학은 어떨까?

나는 수학이야말로 학문의 기본이라고 생각해.
왜냐하면 정말 확실한 답을 알 수 있기 때문이지.
1 더하기 1은 2.
정확히 맞잖아.

그런데 어쩌면 전지전능한 신이
인간을 속여서
1 더하기 1이 사실은 3인데
2라고 생각하게끔 한 것은 아닐까?
아니, 물론
신은 그런 일을 하지 않으리라고 믿지만…….

그래도 의심해 볼 수는 있겠지.

3
2
1 + 1 =

아,

모든 것이 다 불확실하군.

완벽하게 확실한 것은 없을까?

그런데…….

모든 것이 다 불확실한 이유는

내가 의심하기 때문이지.

여기서

내가 의심한다는 사실만은 틀림없어.

그렇다면

의심하는 나는 분명히 존재하는 거야.

나는 의심한다.

즉, **나는 생각한다. 고로 나는 존재한다!**

아이고, 피곤해라.

나는 생각한다. 고로 나는 잠이 온다.

잘 자.

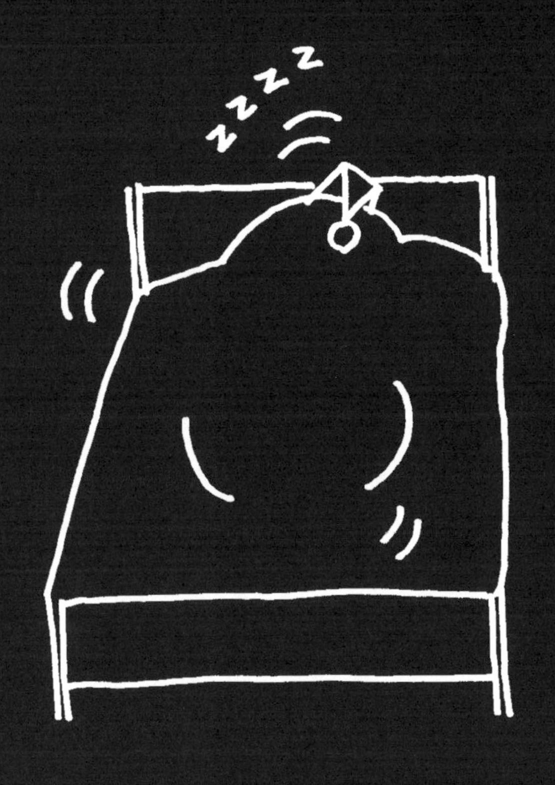

칸트 선생님의

자유

칸트 선생님은

200년쯤 전에 살던

독일의 철학자입니다.

인간의 이성으로 알 수 있는 것에는

한계가 있다고 주장하는

비판 철학을 내놓았습니다.

나아가

인간이 도덕적 행동을 할 때

자유가 어떤 의미를 갖는지

설명했습니다.

처음 뵙겠습니다.

제가 칸트입니다.

아! 5시입니다.

일을 마쳐야겠습니다.

저의 좌우명은

시간을 정확히 지키는 것이랍니다.

제가 살던 마을의 사람들은

제가 딱딱 시간 맞춰 산책하는 모습을 보고

몇 시인지 알았을 정도입니다.

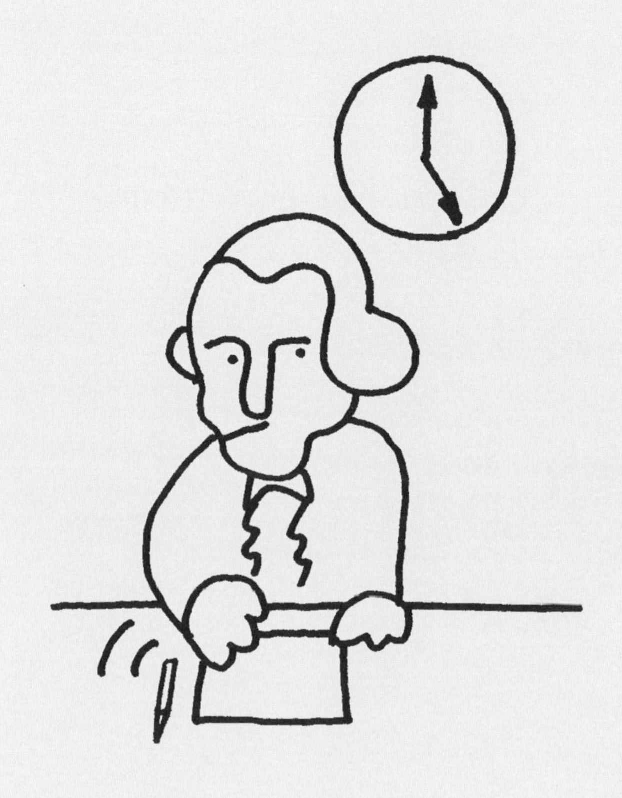

오늘은 버스 안에 사람이 참 많습니다.

겨우 앉았습니다.

후유.

아!

할머니 한 분이 오십니다.

자리를 양보해야겠습니다.

"할머니, 여기 앉으세요."

승객들이 점점 많아집니다.

제발 발을 밟지 말아 주…….

아야야야!

휴, 겨우 도착했습니다.
완전히 녹초가 되었습니다.

만약 자리를 양보하지 않았다면
앉아서 올 수 있었을 텐데…….

그래요, 그럴 수 있었습니다.
그런데 저는 양보했습니다.

제가 자리를 양보한 까닭은
'자리를 양보하시오.'라는
소리가 들렸기 때문입니다.

물론 귀로 들은 것이 아닙니다.
귀가 아니라 마음으로 들었습니다.
그 소리는
'……하다면 ……하시오.'처럼 조건이 붙어서
'좋은 사람으로 보이고 싶다면 자리를 양보하시오.'라고
권하는 것이 아니었습니다.
그저 '자리를 양보하시오.'라고 했습니다.
저는 대꾸를 할 수도 없었습니다.

저에게 자리를 양보하라고 명령한 사람은
다른 누구도 아닌 바로 나 자신입니다.

나는 스스로에게 명령합니다.
그래서 인간은 **자유**로운 존재입니다.

하고 싶은 일만 하는 것은
자유가 아닙니다.
욕망과 감정에 지배되는 것이기 때문입니다.
그렇다면 인간은 동물과 다를 바가 없습니다.

하고 싶은 일을 참아야만
해야 하는 일을 할 수 있습니다.
이것이 바로 인간의 **자유**입니다.

조금 흥분했군요.

'이제 그만하시오.'라는
소리가 들려오니
저는 이만 실례하겠습니다.

마르크스 선배의

노동의 소외

마르크스 선배는
19세기 독일의 철학자입니다.

이제까지 다른 철학자들은
세상이 이렇다 저렇다 해석만 했는데
마르크스 선배는 세상을 바꾸는 일이
가장 중요하다고 확신했습니다.
노동은 사람의 본질을 표현하는
창조적인 과정이라고도 생각했습니다.
그런데 자본주의 사회에서는
사람들이 노동을 하고도
자신이 생산한 것을 갖지 못합니다.
즉, 노동으로부터 소외되는 것입니다.
마르크스 선배는 노동자가 **노동의 소외**를 겪는 문제를
해결해야 한다고 주장했습니다.

안녕.

내가 바로 마르크스야.

오늘

나는 일하러 왔어.

산다는 것이

쉽지만은 않네.

마르크스

슬슬 일을 시작해야겠다.

상품을 진열하자.

부지런히 부지런히.

1000

"어서 오십시오."

돈도 받아야 해.

"고맙습니다. 또 오십시오."

마르크스

일한 대가로 돈을 받았어.

시간당 4000원이고
여덟 시간 일했으니
32000원이야.

자,

이제야 비로소

내가 진정으로 원하는 일을 할 수 있다.

응?

뭔가 이상하다.

일을 하는 동안

나는 진정한 내가 아니었던가?

그래도

일을 한다는 것은

인간에게 중요한 문제잖아.

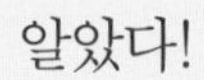

알았다!

내가
일을 한다는 것은
그러니까
나의 본질을
조금 잘라서 파는 거야.

그래서 일을 하면
싫증이 나고,
일을 마치면
나 자신을 되찾는
이런
이상한 상황이 벌어지지.

4000

이런 사회는 반드시 바뀌야 해.

그러기 위해서는 더 공부해야겠다.

자, 힘내자!

노력

사르트르 형의

실존은 본질에 앞선다

사르트르 형은
20세기 프랑스의 철학자입니다.

인간이 인간다움을 잃은 현대에
사르트르 형은 지금까지의 철학처럼
인간이라면 누구나 본질이 똑같다고 보는
시각을 버렸습니다.
사르트르 형은 인간의 본질보다도
실존, 즉 지금 여기에 존재하고 있다는
사실 자체를 중요하게 여겼습니다.
그래서 **실존은 본질에 앞선다**라고 말했습니다.
인간이 인간다움을 되찾기 위해서
어떻게 해야 하는가도 생각했습니다.

이야, 반가워요. 제가 사르트르예요.

'실존은 본질에 앞선다.'

이 말이 무슨 뜻인지 설명해드리지요.

여기에 연필이 한 자루 있어요.

연필은 무엇을 쓰기 위한 도구로 만들어졌지요.

이것이 연필의 본질이에요.

쓰기 위한 도구로

길이와 굵기와 무게와 재질이

정해졌어요.

그리고

그와 같은 종류의 연필이 많이 만들어져서

그중 하나가 여기에 있는 것이지요.

만약 이 연필이

초콜릿으로 만들어졌다면 어떨까요?

먹으면

맛있기야 하겠지만

쓰기 위한 도구로는 도움이 되지 않을 거예요.

음, 역시 맛있네요.

우물우물…….

연필의 크기가

이렇게나 거대하다면

쓰기 위한 도구로는

역시 도움이 되지 않지요.

살려주세요!

만약 신이 있어서

인간이란 이러저러한 존재라고

본질을 미리 정해 놓았다면

인간도

연필과 다를 바 없겠지요.

하지만 신은 어디에도 없어요.

그렇다면 어떻게 해야 할까요.
우리가 태어난 의미는 없는 것일까요?

그래요.

우리는
아무 의미도 없이
태어나 버렸어요.

태어난 의미가 없다면
스스로 만들면 돼요.

실제로 우리는 그렇게 하고 있어요.
먼저 나 자신이 여기에 존재한다는 사실이 있지요.
그다음에 우리는
날마다 여러 가지를 결정하고 선택함으로써
스스로를 만들어 가고 있어요.
그래서 우리의 실존 자체가 의미 있는 거예요.

그러므로 **실존은 본질에 앞선다.**

이제 이해가 되나요?

그렇다면 안녕!

| 이 책의 철학자들을 소개합니다 |

플라톤 (B.C.428년?~B.C.347년?)

고대 그리스의 철학자이며 소크라테스의 제자였다.
소크라테스를 주인공으로 한 『소크라테스의 변명』, 『향연』 등 대화 형식으로 된 책을 여러 권 썼다. 현실과 이상의 세계를 나누어 보는 이데아라는 개념을 내놓았다. 훗날 이데아는 서양철학에서 생각하는 방식의 기본이 되었다. 『국가』에서는 이상적인 국가를 실현하려면 철학자가 나라를 다스려야 한다고 주장했다.

데카르트 (1596년~1650년)

프랑스의 철학자이며 네덜란드에서 활동했다.
이성의 능력은 인간에게 평등하게 주어졌다고 보고, 그 이성을 중시해서 합리론을 펼쳤다. 『방법서설』에서 확실한 진리에 이르기 위해 조금이라도 의심스러운 것은 의심해야 한다고 주장했다. 의심하고 또 의심하더라도, 의심하는 '나'의 존재만은 확실하다는 것을 알아내 모든 학문의 출발점으로 삼았다. 그 외에도 『성찰』, 『철학의 원리』, 『정념론』 등을 썼다.

칸트 (1724년~1804년)

독일의 철학자이다.
영국의 경험론과 유럽의 합리론을 비판적으로 수용해서, 독일의 관념론을 세웠다. 이성으로써 이성을 비판하여 『순수이성비판』, 『실천이성비판』, 『판단력비판』을 썼다. 인식이 대상을 따르는 것이 아니라 대상이 인식을 따르는 것이라는 인식론을 주장했다.
어떠한 경우에도 예외가 없는 도덕법칙이 존재한다고 믿었다.

마르크스 (1818년~1883년)

독일의 철학자이다.
당시에는 사회주의자들을 '공상가'라고 비판했다.
헤겔로부터 변증법을, 헤겔을 비판한 포이어바흐로부터 유물론을, 리카도로부터 고전파 경제학을 받아들여 비판적으로 통합했다.
물질을 생산하는 활동이 역사를 발전시켰다고 여기는 역사적 유물론을 세웠다. 자본주의사회는 사회주의사회로 변화할 것이라고 주장하는 마르크스주의 이론을 내놓았다.

사르트르 (1905년~1980년)

프랑스의 철학자이자 소설가이다.
인간을 지금 이 순간을 살아가는 존재로 파악하는 실존주의를 대표한다.
『존재와 무』, 『실존주의는 휴머니즘이다』에서 인간은 이유도 없이 이 세상에 내던져져서 스스로 자신을 만들어 가는 자유로운 존재라고 설명했다. 또한 『구토』, 『말』 등의 소설도 썼으며 마르크스주의를 비판적으로 살펴보기도 했다.

| 지은이의 말 |

어느 날 서점에 갔습니다.

『맛있는 파스타를 만드는 법』이란 책 옆에

무슨 이유인지 헤겔 철학 입문서가 꽂혀 있었습니다.

'오래간만에 헤겔이라도 읽어 볼까.' 하는 마음으로

그 책을 샀습니다.

커피를 마시면서 읽기 시작했는데

15쪽까지 읽어도 전혀 이해가 되지 않았습니다.

제가 이래 봬도 철학과 출신이랍니다.

커피 대신에 와인을 마시면서 다시 읽기 시작했습니다.

그래도 이해가 되지 않았습니다.

27쪽까지 읽고

그만 책을 덮었습니다.

헤겔의 책은

이전에 잠시 본 적이 있는데

이해가 잘 되었다고 기억합니다.

약간

화가 났습니다.

그런데

저는
색을 보는 방법이 보통 사람들과는 다릅니다.
빨강과 초록이 잘 보이지 않습니다.
갈색도 보이지 않습니다.
그래서 미대에 진학하는 것을 포기했습니다.
그 시대에는 미대에서 저 같은 학생을 받아주지 않았습니다.
(지금은 입학할 수 있는 모양입니다.)
그렇다고
경제학이나 법학을 공부할 생각은 없었기 때문에
철학으로 정했습니다.
특별히
깊게 생각한 것은 아니었습니다.

그 후
아이들에게 윤리를 가르치게 되었습니다.
수업에서는
가능한 한
일상에서 쓰는 말과 화제를 가지고 설명했습니다.

그때 학생들은

이런 수업은 처음이라고 했습니다.

그 뒤로 세계사를 가르치면서

저의 수업도

점점 평범한 수업이 되었습니다.

(사람들은 그렇지 않다고 했지만…….)

헤겔 입문서를

화난 얼굴로

덮었을 때

하늘에서 떨어졌습니다.

『세상에서 가장 쉬운 철학책』의 아이디어가 말입니다.

꽃봉오리는

꽃이 피면서 사라지고

열매가 되는 것처럼.

혹은

『거인의 별』[1]의 주인공 호시 휴마가

공의 성질을 가볍게 하고

잘 조절해서

무시무시한 공을 던진 것처럼

지금까지 제가 한 일은

이 책으로 하나가 되었습니다.

아우프헤벤[2]입니다.

이건 정말입니다.

우에무라 미츠오

1 일본의 가지와라 잇키가 쓰고 가와사키 노보루가 그린 야구 만화이다. 야구 선수의 아들 호시 휴마가 고된 훈련 끝에 투수로 성공하는 과정을 담았다. 인기가 높아 속편 『신 거인의 별』이 출간되고, 애니메이션으로도 만들어져 텔레비전에서 방영되기도 했다.

2 아우프헤벤(aufheben). 독일 철학자 헤겔이 내놓은 개념이다. 헤겔은 인식이나 사물이 정(正), 반(反), 합(合)이라는 3단계를 거쳐서 변화한다고 주장했다. 정의 단계에서 숨겨져 있던 대립이나 모순이 반의 단계에서 드러났다가 합의 단계에서 통일되는데 아우프헤벤은 이 과정을 가리킨다.

| 옮긴이의 말 |

비록 창작이 아니라 번역이지만

작업을 하다 보면

'이 책은 꼭 ○○에게 보여주고 싶다.'는 생각을 합니다.

그리고

○○을 위한 단어,

○○을 위한 문장을 생각합니다.

『세상에서 가장 쉬운 철학책』은

중학생이 되는 우리 아들에게 보여주고 싶다는 마음으로

작업을 했습니다.

운동도 좋아하고, 음악도 좋아하는

멋진 십 대 소년인데……

책 읽기가 영 신통치 않습니다.

활자만 보면 잠이 잘도 오는 모양입니다.

아들에게, 그리고 그 또래의 친구들에게 꼭 보여주고 싶다고 생각하니

갑자기 단어 하나하나가 제게 어렵게 다가왔습니다.

함축된 하나하나의 뜻을 놓치지 않기 위해서

사전을 들었습니다.

접속사 하나조차도 사전을 찾아야만 마음이 놓였습니다.

이 책에 등장하는 다섯 철학자들과의 만남을 통해서
'철학'이라는 새로운 세계를 만나준다면
정말 감사하겠습니다.

저는 평상시에
제가 토해내는 지식이 타인에게 쉽게 전달되어야만
비로소 그 진가를 발휘한다고 생각했습니다.
이런 의미에서도
『세상에서 가장 쉬운 철학책』과의 만남은 정말 멋진 일이었습니다.
마지막으로 한 가지,
저는 참으로 복도 많은 사람입니다.
평소 철학 용어와 친하지 않은 저를 위해서
원고를 꼼꼼히 읽어주신 강대옥 박사님과 이윤재 박사님,
두 분이 계셔서 정말 기뻤습니다.
진심으로 감사드립니다.

고선윤

Photo by Yuka.Uemura

지은이 **우에무라 미츠오**

1953년에 태어나 오카야마 대학교 대학원 문학연구과에서 철학을 공부했다. 한때 일러스트레이터로 활동하였으며, 가와이쥬쿠에서 세계사를 강의했다. 지은 책으로 『최근 100년의 세계사』, 『카리스마 선생님의 세계사 カリスマ先生の世界史』 등이 있다.

옮긴이 **고선윤**

1965년에 태어나 서울대학교 동양사학과를 졸업하고, 한국외국어대학교 일어일문학과에서 박사학위를 받았다. 옮긴 책으로 『3일 만에 읽는 철학』, 『3일 만에 읽는 세계사』, 『손과 뇌』, 「생각하는 초등수학」 시리즈 등이 있다.

추천 **박이문**

1930년에 태어나 서울대학교 불어불문학과와 같은 대학교 대학원을 졸업하고 프랑스 소르본대학에서 불문학 박사학위를, 미국 서던캘리포니아대학에서 철학 박사학위를 받았다. 프랑스, 독일, 일본, 미국, 한국의 여러 대학에서 30여 년간 학생들을 가르치며 집필과 연구를 계속했다. 연세대학교 특별초빙교수, 미국 시몬스대학 및 포항공과대학교 명예교수를 역임했다. 2017년에 세상을 떠났다. 지은 책으로는 『길』, 『행복한 허무주의자의 열정』, 『당신에겐 철학이 있습니까?』, 『나는 왜 그리고 어떻게 철학을 해왔나』, 『나는 읽는다, 고로 나는 존재한다』, 『문학 속의 철학』, 『부서진 말들』, 『왜 인간은 남을 도우며 살아야 하는가』 등이 있다.

즐거운지식

세상에서 가장 쉬운
철학책

1판 1쇄 펴냄 – 2009년 6월 19일
1판 17쇄 펴냄 – 2021년 4월 14일
2판 1쇄 펴냄 – 2024년 10월 25일

지은이 우에무라 미츠오
옮긴이 고선윤
펴낸이 박상희
편집장 전지선
편 집 김지호
디자인 허선정, 정다울
펴낸곳 (주)비룡소
출판등록 1994. 3.17.(제16-849호)
주소 135-887 서울시 강남구 도산대로1길 62 강남출판문화센터 4층
전화 02)515-2000
홈페이지 www.bir.co.kr

ISBN 978-89-491-8744-0 44160/ ISBN 978-89-491-9000-6 (세트)

수학 귀신 한스 엔첸스베르거 글·로트라우트 수잔네 베르너 그림/ 고영아 옮김
어린이도서연구회 권장 도서, 열린어린이 선정 좋은 어린이책, 전교조 권장 도서, 중앙독서교육 추천 도서, 쥬니버 오늘의 책, 책교실 권장 도서

펠릭스는 돈을 사랑해 니콜라우스 피퍼 글/ 고영아 옮김
아침햇살 선정 좋은 어린이책, 어린이도서연구회 권장 도서, 책교실 권장 도서

청소년을 위한 경제의 역사 니콜라우스 피퍼 글·알요샤 블라우 그림/ 유혜자 옮김
2003년 독일 청소년 문학상 논픽션 부문 수상작, 한국간행물윤리위원회 청소년 권장 도서, 대한출판문화협회 선정 올해의 청소년 도서, 책따세 추천 도서, 전국독서새물결모임, 한우리독서운동본부 추천 도서

거짓말을 하면 얼굴이 빨개진다 라이너 에를링어 글/ 박민수 옮김
한국간행물윤리위원회 청소년 권장 도서, 책따세 추천 도서

왜 학교에 가야 하나요? 하르트무트 폰 헨티히 글/ 강혜경 옮김
어린이도서연구회 권장 도서, 책교실 권장 도서

음악에 미쳐서 울리히 룰레 글/ 강혜경·이헌석 옮김
네이버 오늘의 책, 열린어린이 선정 좋은 어린이책, 책교실 권장 도서

회계사 아빠가 딸에게 보내는 32+1통의 편지 야마다 유 글/ 오유리 옮김

대통령이 된 통나무집 소년 링컨 러셀 프리드먼 글/ 손정숙 옮김
뉴베리 상 수상작, 경기도학교도서관사서협의회 추천 도서

세상에서 가장 쉬운 철학책 우에무라 미츠오 글·그림/ 고선윤 옮김
한국간행물윤리위원회 청소년 권장 도서, 아침독서 추천 도서

달의 뒤편으로 간 사람 베아 우스마 쉬페르트 글·그림/ 이원경 옮김
어린이도서연구회 권장 도서, 학교도서관저널 추천 도서

청소년을 위한 뇌과학 니콜라우스 뉘첼·위르겐 안드리히 글/ 김완균 옮김
아침독서 추천 도서, 학교도서관저널 추천 도서

클래식 음악의 괴짜들 스티븐 이설리스 글·애덤 스토어 그림/ 고정아 옮김
학교도서관저널 추천 도서

곰브리치 세계사 에른스트 H. 곰브리치 글·클리퍼드 하퍼 그림/ 박민수 옮김
《가디언》 선정 2010 청소년을 위한 좋은 책, 《로스앤젤레스 타임스》 선정 2005 올해의 책, 미국 대학 출판부 협회(AAUP) 선정 도서, 학교도서관사서협의회 추천 도서, 학교도서관저널 추천 도서, 어린이문화진흥회 추천 도서

가르쳐 주세요!-성이 궁금한 사춘기 아이들이 던진 진짜 질문 99개 카타리나 폰 데어 가텐 글·앙케 쿨 그림/ 전은경 옮김

이것이 완전한 국가다 만프레트 마이 글·아메바피쉬 그림/ 박민수 옮김
한국간행물윤리위원회 청소년 권장 도서

클래식 음악의 괴짜들 2 스티븐 이설리스 글·수전 헬러드 그림/ 고정아 옮김
아침독서 추천 도서

뜨거운 지구촌 정의길 글·임익종 그림
대한출판문화협회 올해의 청소년 도서, 경기도학교도서관사서협의회 추천 도서

아인슈타인의 청소년을 위한 물리학 위르겐 타이히만 글·틸로 크라프 그림/ 전은경 옮김
한국과학창의재단 선정 우수과학도서, 학교도서관저널 추천 도서

청소년을 위한 천문학 여행 위르겐 타이히만 글·카트야 베너 그림/ 전은경 옮김
아침독서 추천 도서

미스터리 철학 클럽 로버트 그랜트 글/ 강나은 옮김

하리하라의 과학 24시 이은희 글·김명호 그림
한국과학창의재단 선정 우수과학도서, 어린이도서연구회 권장 도서

하리하라의 과학 배틀 이은희 글·구희 그림

별을 읽는 시간 게르트루데 킬 글/ 김완균 옮김

★ 계속 출간됩니다.